LES AMOURS

agathe sorlet

사랑의 순간들

아가트 소르레 지음

iiii

아가트 소르레
Agathe Sorlet

'사랑'을 주제로 한 섬세하고 비유적인 작품들로 주목받는
프랑스의 일러스트레이터이자 애니메이터.
70만 명이 넘는 팔로워를 가진 SNS 스타이기도 하다.
응용예술학교 LISAA와 고블랑 미술학교를 졸업했다.
다양한 개인 프로젝트뿐 아니라
닛산 자동차, 프린세스탐탐, 위트랜스퍼 등 글로벌 브랜드와
다양한 콜라보레이션으로 프랑스를 대표하는 젊은 작가로 손꼽힌다.
아가트에게 사랑은 질문이자 자아에 대한 탐구이며, 무한한 영감의 원천이다.
그녀의 그림은 일상의 삶에 맞춰져 있다.
때로는 섹시하고, 항상 우아하고 다양한 시선으로
우리의 삶과 감정을 표현한다.

'사랑'을 그리는 것은
제가 어렸을 때부터 가장 좋아하는 일입니다.

저에게 연필은 창의적인 영감의 엔진입니다.
느끼는 것을 매번 말로 설명할 수는 없지만
제 곁에 항상 함께하는 연필은 이 모든 걸 표현합니다.

저는 이 책의 제목을 처음부터 너무나 분명하게 사랑^{Les Amours}으로 정했습니다.
이 책의 목적이 있다면, 그것은 사랑을 정의하는 게 아니라
다만 사랑의 윤곽을 더듬어 보는 것입니다.

이 책이 당신의 기억과 마음 깊은 곳에 숨어있는 아름다운 감정을 끄집어낼 수 있길 바랍니다.
어쩌면 당신의 입술에 장난스러운 미소를 그릴 수도 있겠네요.

Agathe Sorlet

amour
Câlin

#달콤한아침

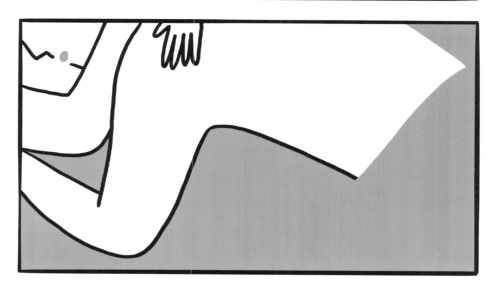

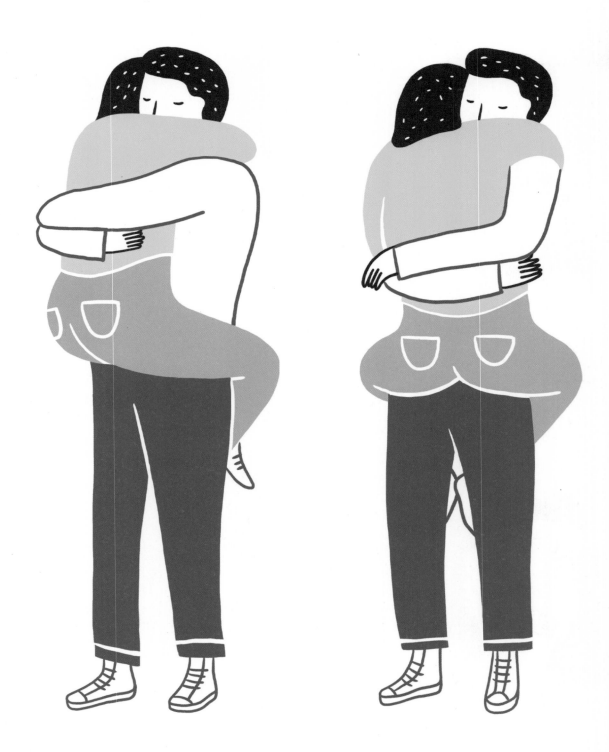

amour
brûlant

#레드키스

amour
sauvage

#나른한오후

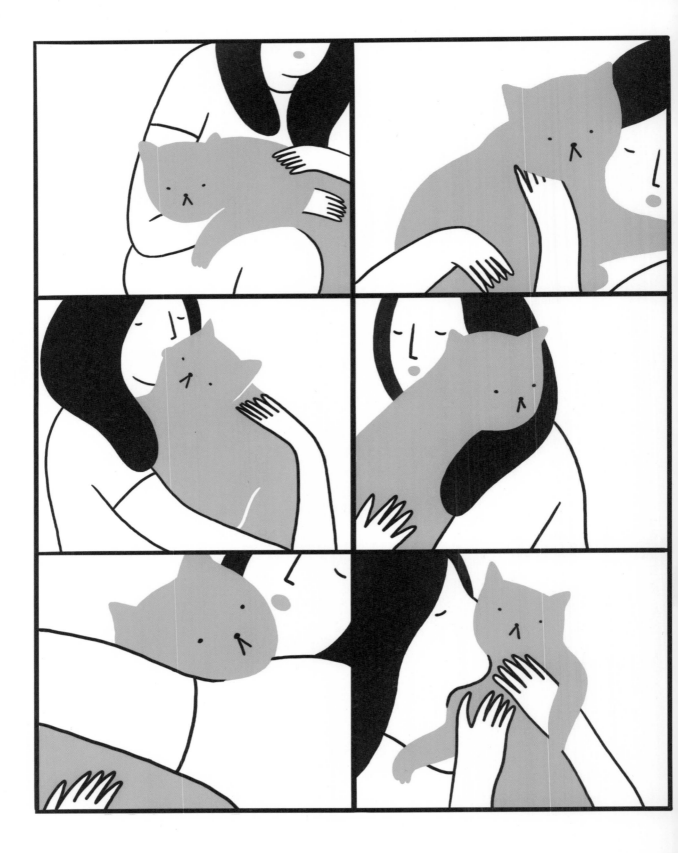

amour
ami

#닮은친구들

amour
coquin

#푸른밤

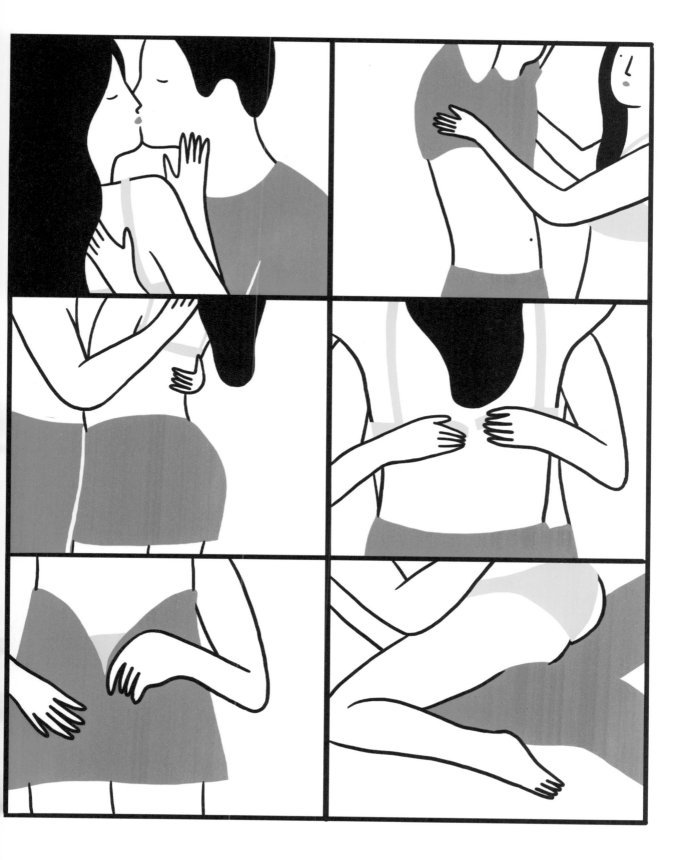

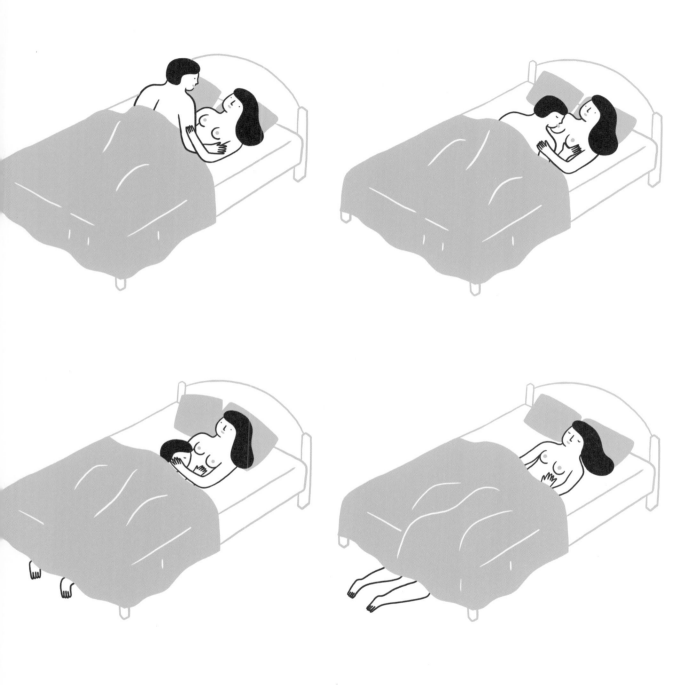

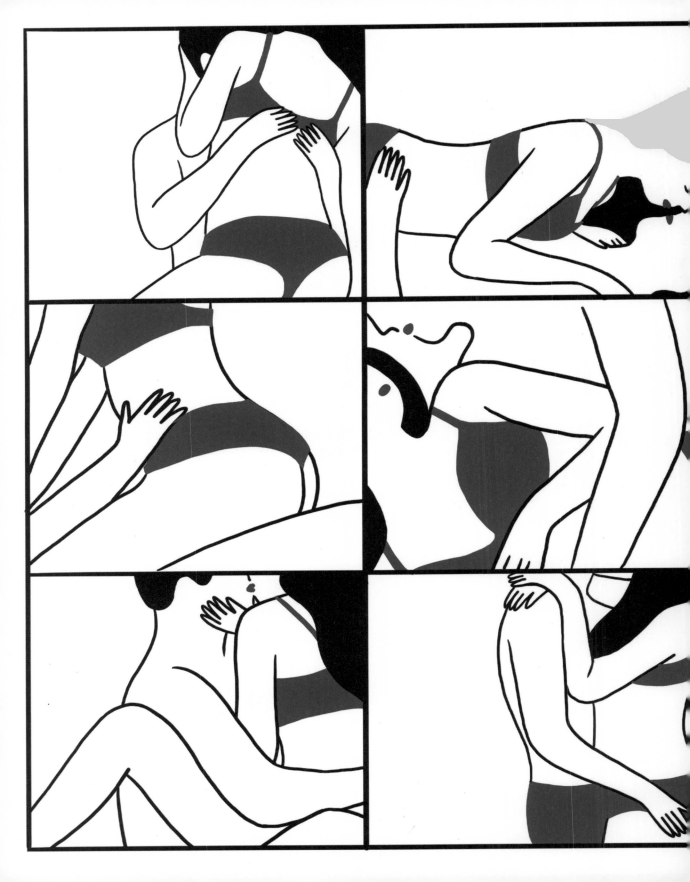

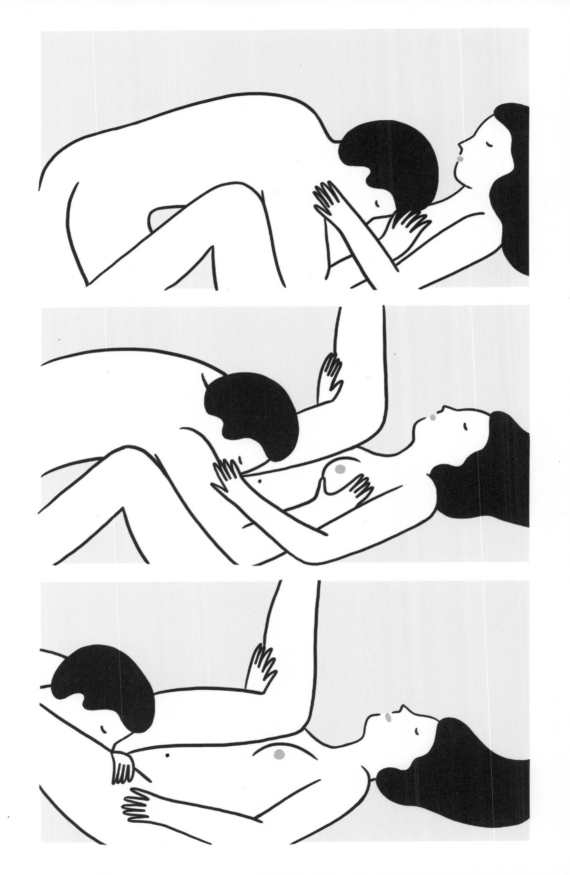

amour
de soi

#비마이셀프

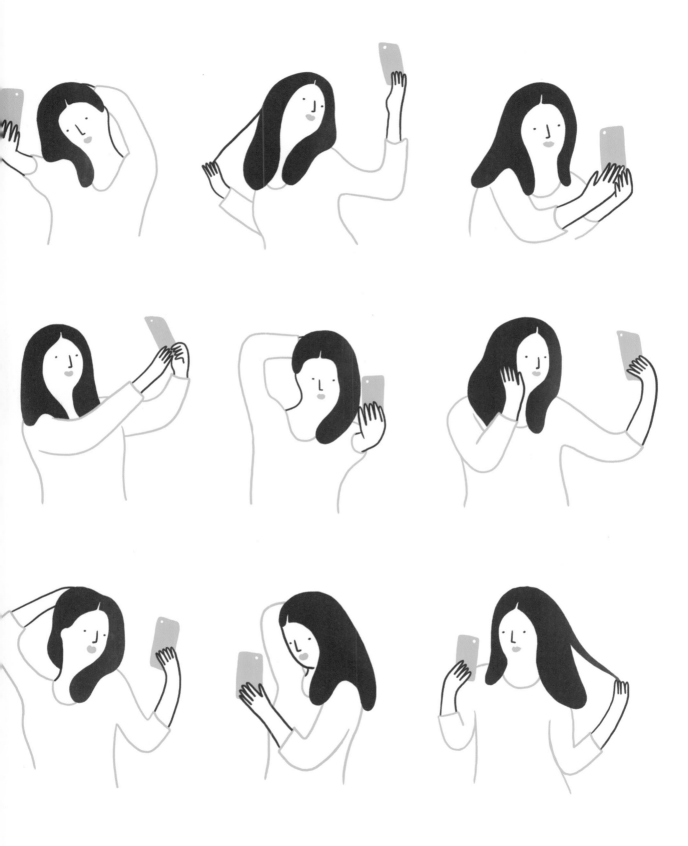

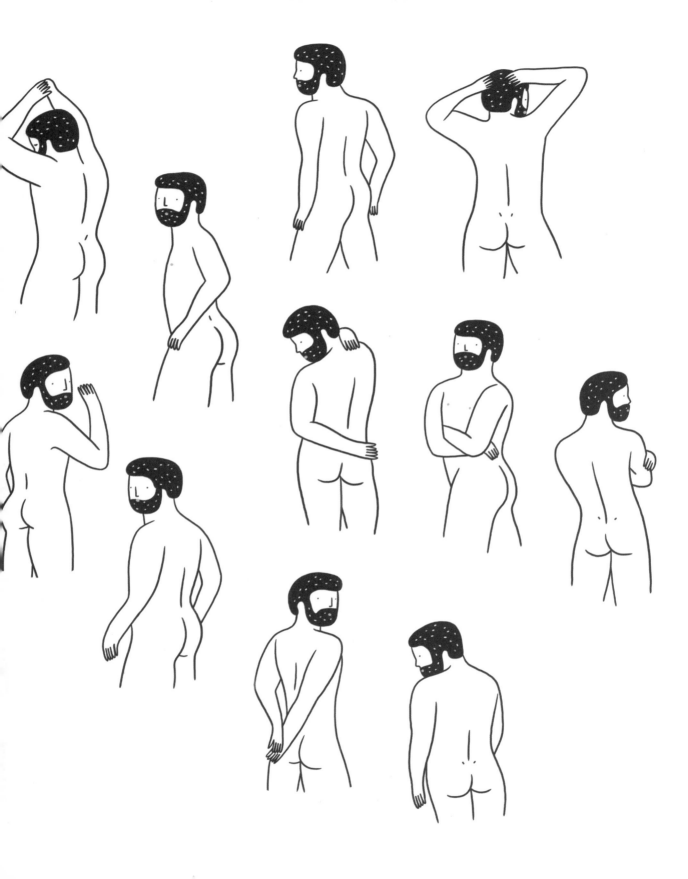

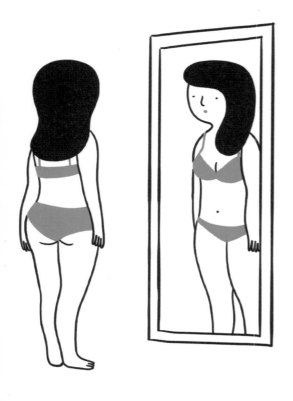
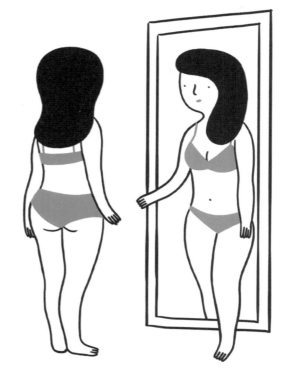

Les Amours by Agathe Sorlet
© Éitions Robert Laffont, Paris, 2020
This Korean edition is published by The initiative in 2021 by arrangement with Éditions Robert Laffont through Milkwood Agency.
이 책의 한국어판 저작권은 밀크우드 에이전시를 통해 저작권사와 독점 계약을 맺은 디 이니셔티브에 있습니다.
저작권법에 의해 한국 내에서 보호를 받는 저작물이므로 무단전재와 복제를 금합니다.

사랑의 순간들

초판 1쇄 발행 2021년 2월 2일

지은이 아가트 소르레 ◦ 옮긴이 디파스칼 브노아, 정민영 ◦ 펴낸이 나현숙

펴낸곳 디 이니셔티브 ◦ 출판신고 2019년 6월 3일 제2019-000061호 ◦ 주소 서울시 용산구 이태원로 211 708호

전화, 팩스 02-749-0603 ◦ 이메일 the.initiative63@gmail.com ◦ 페이스북, 인스타그램 @4i.publisher

ISBN 979-11-968484-5-3 03650

◦

이 책은 저작권법에 따라 보호 받는 저작물이므로 무단전재와 복제를 금지하며
이 책의 전부 혹은 일부를 이용하려면 반드시 저작권자와 디 이니셔티브의 서면 동의를 받아야 합니다.

◦

잘못된 책은 구입하신 곳에서 바꾸어 드립니다.

◦

디 이니셔티브는 보다 나은 미래에 도전하는 콘텐츠 퍼블리셔입니다